創意小畫家系列

# 水　彩

M. Àngels Comella　著

三民書局編輯部　譯

三民書局

# © 水　　彩

| | |
|---|---|
| 著　作　人 | M. Àngels Comella |
| 譯　　者 | 三民書局編輯部 |
| 發　行　人 | 劉振強 |
| 著作財產權人 | 三民書局股份有限公司 |
| 發　行　所 | 三民書局股份有限公司 |
| | 地址　臺北市復興北路386號 |
| | 電話　(02)25006600 |
| | 郵撥帳號　0009998-5 |
| 門　市　部 | (復北店) 臺北市復興北路386號 |
| | (重南店) 臺北市重慶南路一段61號 |
| 出版日期 | 二版一刷　2018年2月 |
| 編　　號 | S 940680 |

行政院新聞局登記證局版臺業字第○二○○號

有著作權‧不准侵害

ISBN　978-957-14-6453-4　（平裝）

http://www.sanmin.com.tw　三民網路書店

※本書如有缺頁、破損或裝訂錯誤，請寄回本公司更換。

## 如何使用水彩呢？

每當我們要畫一幅圖畫的時候，首先便會想，用哪一種工具最適合呢？應該不會有人用彩色鉛筆來塗自己家裡的牆面吧！除非他想使他的家變得很不尋常，那就另當別論了。當然囉！也應該沒有人會用塗牆壁的油漆刷來寫信吧！所以，我們應該先看看要創作什麼樣的圖畫，再決定該挑選哪一種工具喲！

就水彩來說，在某些畫材 * 上，水彩可以讓我們運用自如，表現流暢；但是，在另外一些情況下，就不是那麼恰當了。

在這本書裡，我們示範了運用水彩來畫畫的方法，大約有十種，當然還有更多不同的方法，甚至比一般人想像的還要多更多呢！有的方法到現在都還沒有人嘗試過，你可以來當那一位發明新技巧 * 的人喔！

讓我們一起來尋找潛藏在我們腦海裡的點子，那些經常跳躍在我們腦海裡的想法，並且把這些用畫畫表現出來吧！

我們希望這一本書可以鼓勵小朋友勇於嘗試畫畫；同時，也讓小朋友能多認識一些這項畫畫的工具：水彩。

我們相信
你一定會喜歡得
不得了喔！

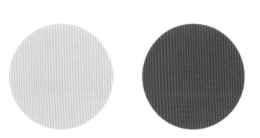

水彩可以產生各種不同的效果喔！ • • • • • • • • • • • • • • • • • • • •

用水彩著色的方法有：

● 用畫筆的　　● 用力把　　　● 用一枝非　　● 用一枝非　　● 或是用
　筆尖。　　　　畫筆壓　　　　常溼的畫　　　常乾的畫　　　你的手
　　　　　　　　扁。　　　　　　筆。　　　　　筆。　　　　　指頭。

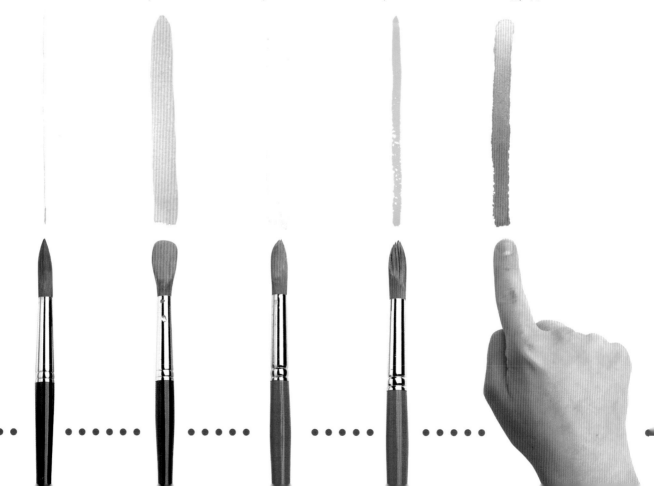

## 我們也可以這樣著色：

● 把水彩塗在弄溼的紙上，然後看看顏料是怎麼散開來的。

● 或是塗在乾的紙上。

● 如果把兩個顏色塗得很近，顏色便會化開溶在一起喔！

● 用許多的顏料來著色，漸漸的加水，便會產生由深到淺的漸層喲！

● 趁著顏料還沒有乾的時候，我們可以把第二個顏色塗在第一個顏色上面。

● 或者等到第一個顏色乾了，再塗第二個顏色。

當我們在一個還沒有乾的顏色上面塗另外一個顏色時，水彩便會混在一起喔！

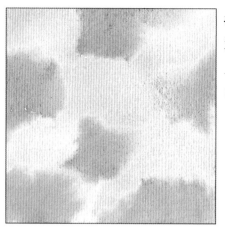

把藍色斑點塗在還溼溼的黃色背景 * 上面，一個新的顏色便產生了耶！

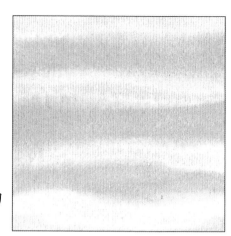

我們可以用藍色的線條來代替斑點。

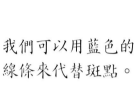

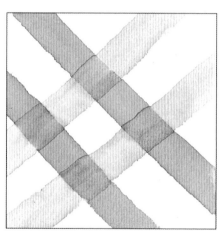

在一些已經乾了的藍色線條上，畫幾條黃色的線條，藍色的顏料還是可以看得到。

我們也可以對著還沒有乾的顏料吹氣，讓兩個顏色混在一起。

或者在顏料還沒有乾的紙上，用力壓一下，來混合顏色。

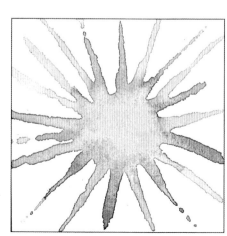

用手指頭把還沒有乾的顏料塗開來。

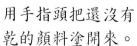

6

如果我們在開始畫畫以前，把圖畫的一部分留白 * 或是遮蓋起來，便可以做出各式各樣的圖案喔！等顏料乾了以後，再把遮蓋物拿開。

我們可以用遮蓋膠帶，遮蓋出一些線條來。

或者也可以從遮蓋膠膜上，剪出不同形狀的遮蓋物。

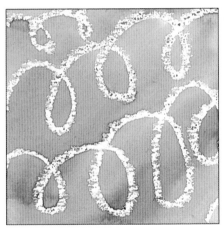

也可以用蠟筆遮蓋出線條。我們先用白色蠟筆畫出一些圖案，然後在上面塗顏色。

或是先用水彩塗出背景，乾了以後，再用蘸水的畫筆畫出圖案來。

我們可以不用畫筆畫畫。

顏料可以利用牙刷噴灑開來。

或者用海綿創造出一些特殊的圖案喔！

## 混合不同的材料

當水彩和其它材料混合的時候，會創造出各種不同的效果喔！

我們在水彩的表面撒一些鹽巴，然後觀察鹽巴是怎麼樣溶解以及在顏料間散開來的。

我們在黃色的水彩上撒了深藍色的紡織品染料。

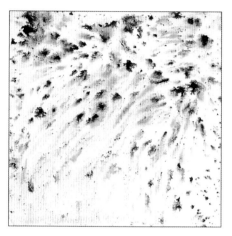

用水彩在不同的表面上著色，也可以創造出不同的效果喲！

特製水彩畫紙的吸水性很好，我們可以看到顏料下面水彩畫紙的顆粒。如果加入更多的水，顏色會變得更淡了。

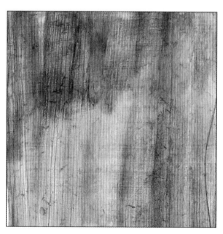

如果我們在硬紙板上著色，因為硬紙板不太吸收顏料，所以會產生不同的紋路*。

軟木墊比水彩畫紙更吸水，所以水彩很容易就能附著在它的表面上。

用水彩把自己的點子表達出來，就是發明新技巧的最好方法喲！我們在這裡有一些提示，可以幫助你開始。

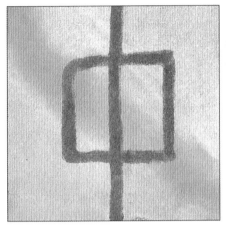

用白色的水彩把色紙著色。用蘸了水的畫筆把圖案畫出來。

先用水彩色鉛筆畫出圖案來，然後在上面塗顏色，圖案看起來便會有點兒模糊喔！

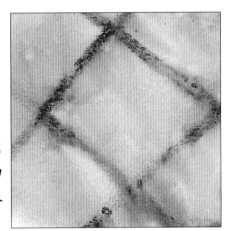

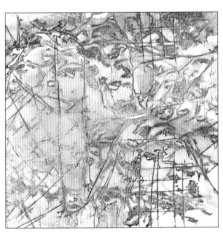

在卡紙上黏一張薄的、有摺痕的紙。在紙上割出線條，然後在上面塗顏色。

把線浸泡在黑色水彩裡，然後放在溼溼的、有顏色的背景上。乾了以後，把線拿開。

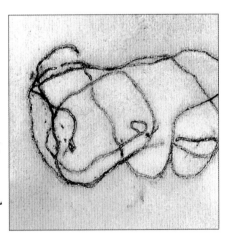

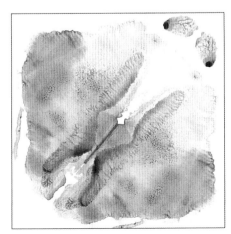

在一張紙的半邊著色。在顏料還溼溼的時候，把紙對折。然後，再把紙打開來，讓它乾。

在水彩背景上撒一些粉狀的食用色素。

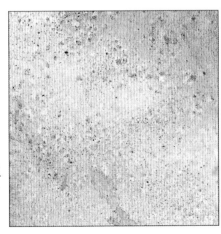

# 試試看這十種不同的技巧吧！

從第 12 頁到第 31 頁，我們會一步步的來解說這些技巧。

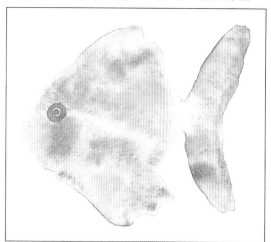

■ 鮮豔的……
水彩和水

吸引人的……
遮蓋

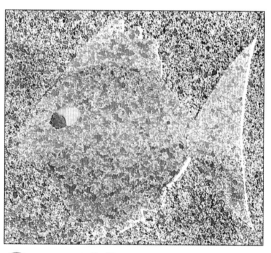

● 凹凸不平的……
被噴灑的水彩

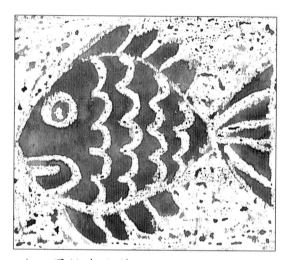

▲ 原始有力的……
用白色蠟筆遮蓋

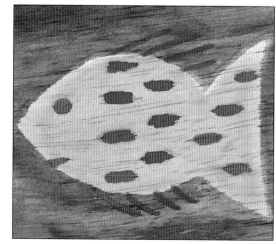

◆ 有稜有角的……
木材上的水彩

◆ 細緻柔和的……
層層著色的水彩

● 雜色的……
水彩和彩色筆

● 黏黏的……
水彩和香皂

◢ 優雅清楚的……
水彩和浮水染料

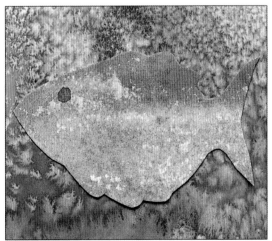

當然還有許多
其它不一樣的
方法喔！

● ● ● ● ● ● ● ● ● ● ● ● ●

現在，就讓我們
一起把這些魚
兒創造出來吧！

● 深奧稀奇的……
瘋狂的紋路

水彩會在溼的紙上散開來,但是在乾的紙上就不會。如果我們把紙張的某個部分用水沾溼,然後在中間滴上幾大滴的水彩,顏料只會散開到沾溼部分的邊緣。

**1**

我們先用水畫出一朵花的形狀來。

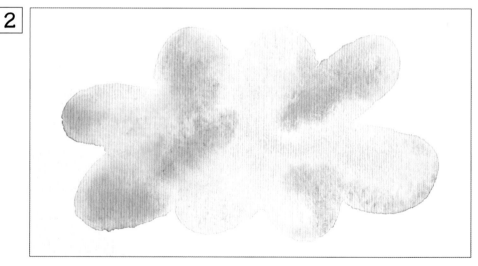

**2**

然後在花的中間,滴幾大滴黃色和藍色的水彩。不同顏色的顏料會混在一起,而且散開成一朵花的樣子喔!

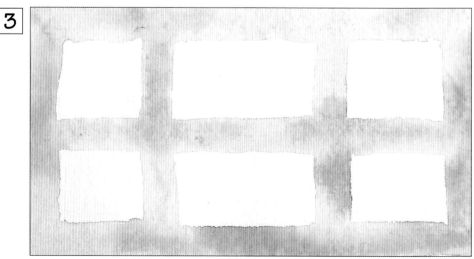

**3**

著色部分的形狀看起來好像一扇窗戶耶!顏料並沒有擴散到紙張乾的部分。

4 利用這個技巧，我們可以創造出各種的圖案喔！我們畫了飛翔中的鳥兒和星星。

# 遮　　蓋

如果你知道怎麼樣遮住圖畫的某些部分，便可以先把窗戶、花等等的背景著色，然後再塗其它細部的顏色。

1 想一想你要畫什麼呢？這裡我們想畫一盆花。

2 我們用遮蓋膠膜遮住花和花盆的部分。

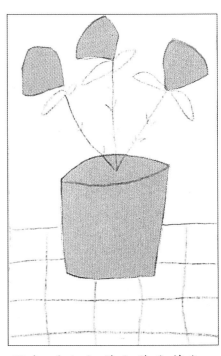

3 把背景著色，等顏料乾了，再移開遮蓋膠膜。

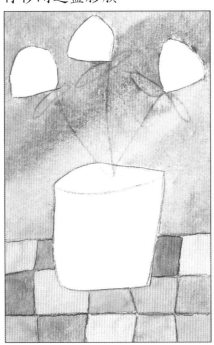

4 現在，我們把花和花盆著色。

5
瞧！我們畫了一幅夜景。在把背景著色以前，記得喔！要先遮住房子和月亮。

當我們用水彩著色的時候，不一定要使用畫筆。像牙刷，便可以產生一些好有趣的紋路呢！

**1** 先用鉛筆描出圖案，並決定每個部分的顏色。我們可以像下面一樣，把每部分做記號，剪下來。

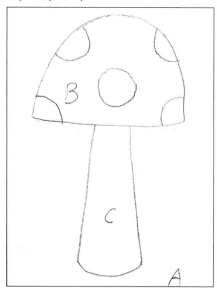

**2** 我們把 B 區和 C 區遮起來。用牙刷蘸顏料，再用拇指撥動牙刷毛，直到 A 區都已經塗上綠色了。

**3** 移開 B 區的遮蓋物，把 A 區遮蓋起來。遮住香菇的白點，然後用紅色顏料把香菇的頭著色。

**4** 在把黃色的莖著色以前，記得要放回 B 區的遮蓋物，而且要拿開 C 區的遮蓋物喔！

**5**

使用這個技巧，可以創造出不同的紋路和色調喲！我們可以增加或減少一些顏料的水分，試看看會有什麼不同的效果。

在用水彩著色以前，我們可以用白色蠟筆來遮蓋部分的圖畫。

**1**

用白色的蠟筆畫出
你設計的圖來。

**2**

然後用水彩塗過。
水彩不會覆蓋蠟筆
畫過的地方，所以
你畫出來的圖案還
是可以看得到的。

**3**

把一張紙對折。用蠟筆
在左邊畫上圖案，在右
邊也畫上相同的圖案，
但是這次蠟筆只塗背景
的部分。然後用藍色的
顏料塗過，便會產生「正
面*—反面*」 對比的效
果喲！

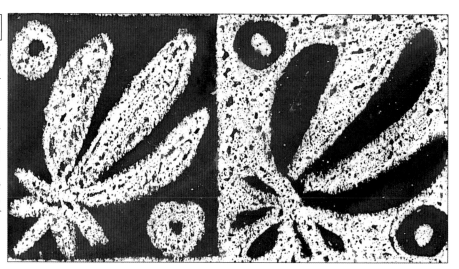

④
這張臉的四
個部分，同
樣是用「正
面—反面」
對比的技巧
畫成的喔！

19

水彩是透明的，所以我們可以看得到它下面原來的樣子。當我們在木材上塗了顏色以後，木材的紋路還是看得到。

**1**

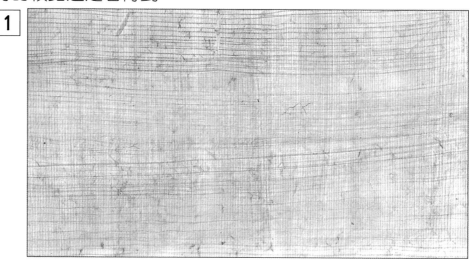

找到一片木材。我們可以在家裡找舊木材，但是要徵得大人的同意才可以拿來用喔！也可以用輕質的三夾板或是硬紙板。

**2**

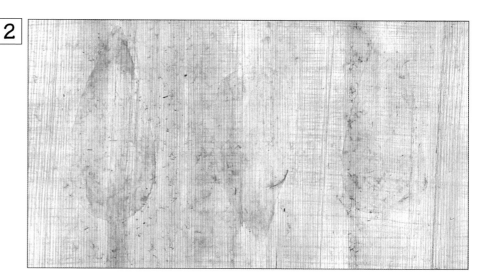

在木片上畫出一些圖案，例如樹葉。

**3**

我們也可以繼續在圖案上塗好幾層的顏料。你瞧！水彩幾乎不會在木片上混在一起。

**4**
在這張畫裡，
我們很容易便
可以看到顏料
底下木材的紋
路。

塗多層或少層的水彩，便會產生比較深或比較淺的色調。在每次著色以前，一定要等前一次的顏料乾了喲！

1 我們把幾滴不同顏色的水彩混合在一起，這是第一層。

2 我們在上面畫棕色的樹幹和樹枝。

3 然後再加上葉子、草地等等的細部部分。

4 最後，在樹幹上加上深棕色的線條。

5

我們可以一
層一層塗上
許多顏色。
如果我們還
沒等顏色乾
了，就繼續
畫下去，顏
色便會混在
一起，產生
很有趣的效
果喔！

當我們用水彩塗過水性彩色筆畫成的圖案時,水彩會使圖案變得模糊不清楚。

1 拿一張水彩畫紙或是棉紙,先用彩色筆在上面描出圖形來。

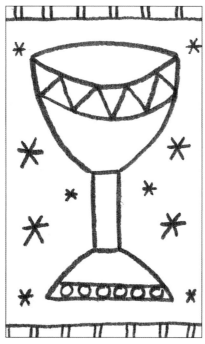

2 趁著彩色筆還沒乾時,用水彩塗過圖形,線條便會擴散開來。

3 我們可以把背景著色,讓物體留白。

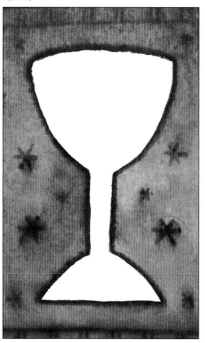

4 或者把整張畫都塗上顏色。

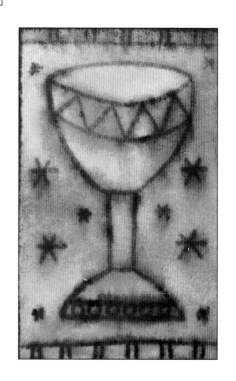

5

在我們塗下一個顏色以前，可先要讓其它部分的水彩都乾了，不然顏色不會互相混在一起喔！

如果我們把水彩和一些香皂混合，便可以在很平滑的表面，像是玻璃、塑膠、亮光紙或是瓷器的表面著色喔！

1 我們可以在舊杯子、盤子或是亮光紙上著色。

2 我們用畫筆在還沒有乾的顏料上畫出圖案。

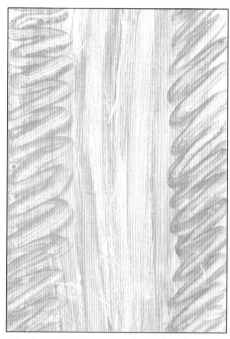

3 等顏料乾了以後，再畫上一些綠色的橢圓形……

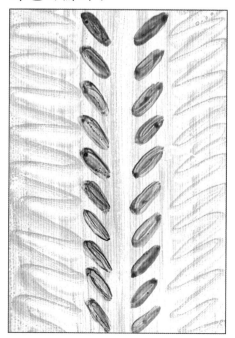

4 最後，再加上一些綠色的點。

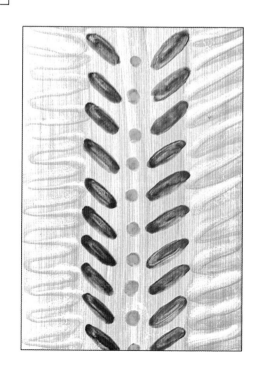

5

這幅圖是畫
在玻璃上
的。我們趁
著顏料還沒
有乾的時
候，用手指
頭又在上面
增加了一
些紋路。

浮水染料是一種特殊的、防水的液體,它不會和水混合在一起。因為浮水染料在乾了以後,不會弄髒任何地方,我們可以用它來畫出清楚明確的輪廓。

**1** 先用鋼筆和浮水染料畫出線條來,等它乾。這個技巧我們也可以用油性彩色筆來畫喲!

**2** 用一枝細的畫筆,把線條和線條中間的部分著色。

**3** 在我們塗下一個顏色以前,必須等前一個顏色乾了,不然顏色可是會混在一起的喔!在這裡,我們用不同的層次和顏色畫出一個海洋耶!

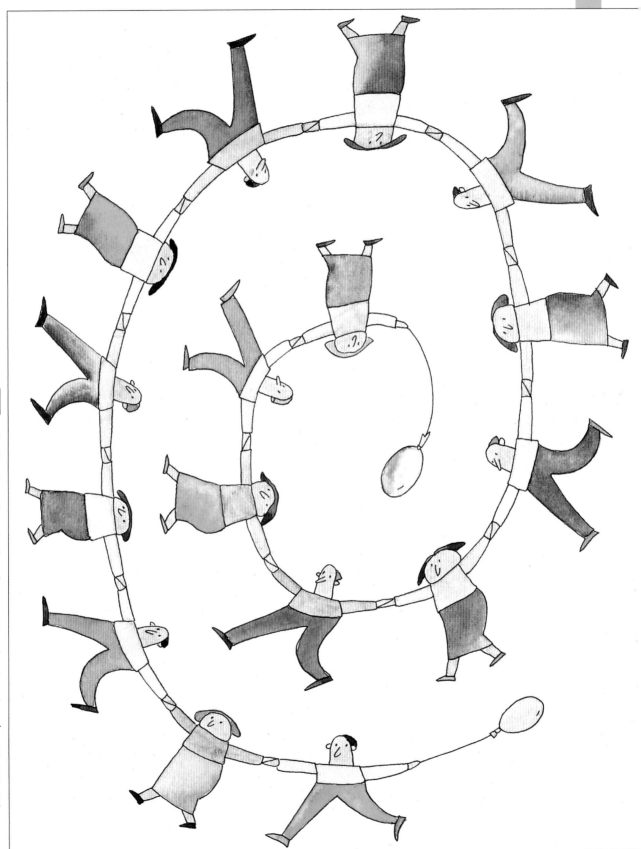

4

我們可是花了好多時間，才把所有的人物都畫好喔！先用浮水染料把人物的輪廓畫出來；等乾了以後，再用一枝細的畫筆蘸水彩來著色。在塗每個顏色以前，都必須等前一個顏色乾了喲！

如果我們把水彩和鹽巴等等的其它材料混合，便可以創造出令人驚奇而且特殊的紋路喔！

**1**

把鹽巴撒在還沒有乾的水彩背景上。乾了以後，便會出現像這樣的效果喲！

**2**

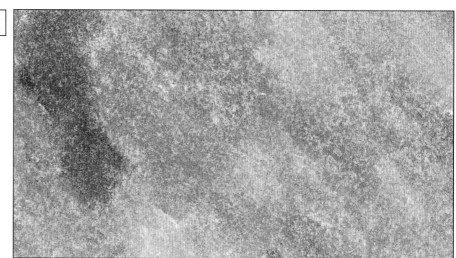

如果你想做出老舊的感覺，可以在著色以前，先塗上一層酒精。但是酒精是有毒的，所以一定要請大人來幫你喲！

**3**

你可以剪下這兩種紙樣，這樣子就可以做出各種不同的拼貼畫＊了。

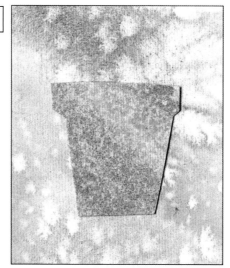
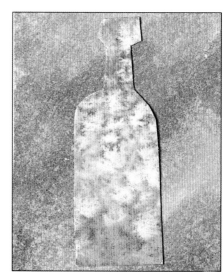

4

我們創造了一幅
有舊花瓶和舊花
盆的拼貼畫。棕
色的花盆和架子
是用酒精和水彩
畫成的，藍色的
花瓶是用水彩和
鹽巴。右邊上面
的藍色盤子是用
水彩和滑石粉畫
的。因為我們事
先並不知道鹽巴
和顏色上的粉會
怎麼混合，所以
會產生出真正令
人驚奇的畫喔！

# 詞彙說明

畫材：我們用來畫畫的東西，可以是紙、布，或是木材等等。

技巧：製作一種東西的方法。

背景：圖畫中的一部分，好像舞臺的布景或是裝飾一般。

圖案：在圖畫裡占最主要的部分。

留白：表面保留不畫的部分。

紋路：物體表面看起來或摸起來的感覺，可以是粗糙的、平滑的、凹凸不平的等等。

正面：圖畫和背景呈現出來的色彩和我們平常看到的一樣。

反面：圖畫和背景的色彩相反，也就是黑的變白的，白的變黑的。

拼貼畫：把各種不同材質的原料組合、黏貼在一起做成的畫。